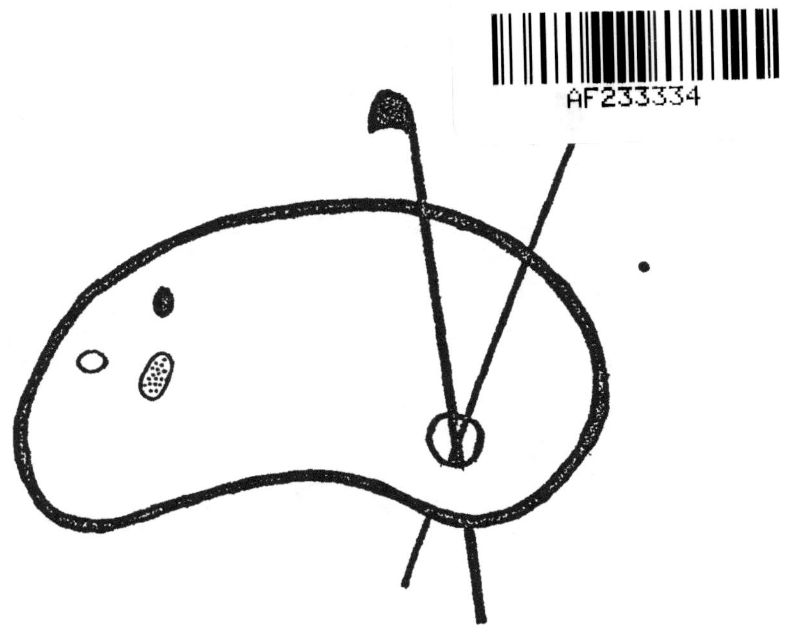

DEBUT D'UNE SERIE DE DOCUMENTS
EN COULEUR

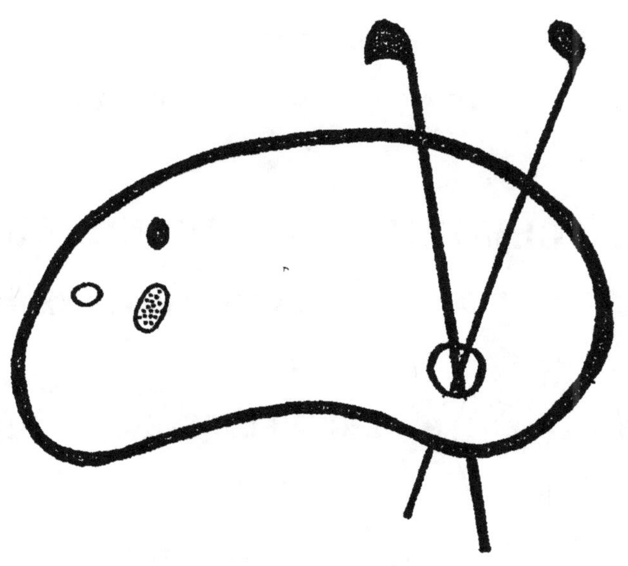

FIN D'UNE SERIE DE DOCUMENTS
EN COULEUR

NOTE SUR UN CHAPITRE

DE

LA CHRONIQUE DE JEAN D'AUTON

(CRONICQUES DE FRANCE, CHAP. XXXIII),

PAR

M. L.-G. PÉLISSIER.

EXTRAIT DES COMPTES RENDUS
DE L'ACADÉMIE DES INSCRIPTIONS ET BELLES-LETTRES

PARIS

IMPRIMERIE NATIONALE

M DCCC XCVIII

NOTE SUR UN CHAPITRE

DE

LA CHRONIQUE DE JEAN D'AUTON

(CRONICQUES DE FRANCE, CHAP. XXXIII).

Entre les grands événements militaires et diplomatiques de la fin de l'année 1501 (campagne maritime contre Mételin, traité de Trente, ambassade du roi Ladislas de Hongrie à la cour de France, passage sur le territoire français de l'archiduc Philippe) et la guerre franco-espagnole que l'année 1502 allait voir éclater dans le royaume de Naples, le début de cette même année 1502 semble aussi stérile que peu intéressant. Jean d'Auton, le chroniqueur officiel du règne de Louis XII, n'a rien trouvé à rapporter sur le mois de janvier et ne consacre que quelques courts articles à la chronique de février et de mars, qui forme le chapitre XXXIII du second livre de ses *Cronicques du roi très cristien... commencées en l'an mil v^e et ung*[1]. Il semble signaler lui-même le vide de ces deux mois en intitulant ce chapitre : « Comment le roi fut à Paris pour ses affaires et le légat cardinal d'Amboise fist là son entrée comme légat en France, et de la reformation des estatz. » En fait, il y mentionne non seulement le voyage du roi et l'entrée du cardinal, la réformation du Parlement de Paris et la transformation de l'échiquier de Rouen en une chambre détachée de ce Parlement, mais aussi la réformation des ordres religieux, mendiants et bénédictins ; ajoutez, pour avoir le contenu complet de ce chapitre, deux paragraphes superficiels et généraux, l'un sur la durée du séjour du roi à Paris et ses inten-

---

[1] Je cite l'édition donnée par M. de Maulde, t. II, p. 217-220.

tions réformatrices, l'autre plein des félicitations de l'auteur au cardinal pour avoir su, par *adjutoire de justice*, rendre *le bien de la chose publicque entretenu en augmentation de mieulx*. Et c'est tout ce que notre historiographe a trouvé à dire de cette période, à la vérité fort courte.

Incomplet et sec, ce chapitre de Jean d'Auton est fort inexact : M. de Maulde l'a montré péremptoirement (*loc. cit.*, t. II, p. 219, notes). L'historiographe, de l'aveu de son commentateur, y commet trois erreurs graves : il rapporte à mars 1502 l'ordonnance sur la réforme judiciaire et celle contre l'échiquier de Rouen; or la première est de mars 1499, et la seconde d'avril 1499. Il dit que le séjour du roi à Paris dura tout le mois de mars; or Louis XII datait une lettre de Blois, le 8 mars 1502. Trois des faits les plus importants cités ici par Jean d'Auton sont donc erronés.

On accordera encore moins d'autorité à ce chapitre si l'on y constate, non pas sans doute que Jean d'Auton y a commis d'autres erreurs aussi graves, mais qu'il a raconté certains faits importants avec une excessive sécheresse, et que, par une étrange indifférence, il a négligé d'en enregistrer d'autres non moins intéressants, et qui devaient prendre place entre ces dates de janvier et mars 1502. Cette constatation nous est rendue possible par le témoignage encore inédit et assurément très peu connu d'un contemporain, par des rapports écrits *de visu* au lendemain même des événements, rapports qui paraissent très exacts et très bien renseignés : je veux dire les lettres adressées de France à la République de Sienne par l'ambassadeur siennois à la cour de France, Ettore Sabino. Ce document supplée heureusement au manque de sources françaises immédiatement contemporaines et au silence des autres ambassadeurs italiens. Cette absence de documents italiens, qui paraît assez étonnante à cette époque de grande activité diplomatique et où Sabino signale la présence à Paris des ambas-

sadeurs de Venise et du Saint-Siège, s'explique d'ailleurs aisément : les dépêches du premier ont disparu dans le grand
incendie des Archives; celles du second, s'il y en a eu pendant
ces quelques jours, nous demeurent encore inconnues.

Bien que la République de Sienne entretînt avec Louis XII
des relations pacifiques [1], auxquelles manquaient sans doute,
à la fois, de sa part la spontanéité de l'adhésion, et de la part
de la France une réciprocité sincère, les dépêches de France
sont assez rares dans les cartons des *Lettere alla Balia*, pour
cette période du règne tout au moins; lacune surprenante,
puisque Ettore Sabino dit avoir écrit *infinite volte* à la Seigneurie. Ces lettres « en nombre infini », on n'a pas à supposer
qu'elles ne soient pas parvenues à leur destinataire. Sabino
est le premier à repousser absolument cette hypothèse (non
dubito ne habino havuta alcuna de mie lettere). Nous ignorons
où, et quand elles ont été égarées, et comment elles ont disparu. En compulsant le *carteggio* de 1502, je n'en ai retrouvé
que quelques-unes, dont deux entre autres, fort importantes,
fournissent le commentaire et le complément de ce chapitre
si écourté et si médiocre de Jean d'Auton. L'une est datée de

---

[1] Une ambassade avait été envoyée à Louis XII à Milan, en octobre 1499,
par la République de Sienne comme par la plupart des puissances italiennes.
Les dépêches de cette ambassade (Rinaldo Fungari, Ptolemei, Sergardi) sont
au registre des *Lettere alla Balia*, et sont importantes. (Cf. *Documents sur l'ambassade siennoise envoyée à Milan en octobre 1499*, dans le *Bulletino Senese di
storia patria*, t. III, fasc. I). A la fin de l'année 1500, on trouve en France un
résident siennois, Pietro Occa, qui date des dépêches de Lyon, août 1500; de
Moulins, 13 octobre; Tours, 15, 18, 22, 25, 30 novembre; Blois, du 10 au
22 décembre; je ne puis préciser à quelle date finit son séjour, mais il est à
Florence le 15 décembre 1501. — Ces bonnes relations avec la France n'em-
pêchaient pas Sienne d'en avoir d'aussi suivies et d'aussi courtoises avec
l'Empire. Le 7 octobre 1500, Maximilien écrit à Sienne ses remerciements pour
l'envoi d'Antonio Venafro comme ambassadeur à sa cour et pour les témoignages
de dévouement qu'il lui apporte; le 13 décembre 1507, il écrit à Sienne une
lettre de recommandation pour les Génois exilés par le Gouvernement français
et réfugiés à Sienne.

Blois, le 28 décembre 1502, en style siennois, c'est-à-dire
1501 ; l'autre, de Paris, le 22 février 1502. Celle-ci est, du
reste, la plus utile à notre objet. Il y a cependant à prendre
dans la première, avec des indications sur les faits contem-
porains généraux, quelques renseignements sur les affaires
diplomatiques siennoises que Sabino venait suivre à la Cour,
et sur la situation inférieure et assez humble où semblent l'avoir
relégué tant la jalousie de ses collègues italiens que l'inso-
lence naturelle des gentilshommes français.

La grande affaire de la République était alors de s'assurer
la protection de Louis XII contre les tentatives de César Borgia.
À la fin de 1501, elle semblait lui être décidément acquise :
« les choses avaient mieux tourné que certains ne l'avaient cru. »
Sabino en attribuait le mérite aux « bons amis » que la République entretenait à la Cour, et à « quelli desiderano fare
per quella excelsa Republica ». Un de ces bons amis, M de « Bi-
sinson » lui laissait mystérieusement entendre que les affaires
de Sienne étaient réglées pour le mieux, et qu'il n'avait pas
besoin d'en savoir davantage : « Satis et bene provisum fuit
pro Republica Senensi. Aliud dicere nequeo. Hoc sufficiat
vobis. » C'étaient ses paroles textuelles. Un nuage troublait
cependant ce calme horizon, dont Sabino disait : « Non sento
altro movimento hucusque » ; on annonçait un « appointement »
des Florentins avec le roi, parmi les clauses duquel était com-
prise la restitution de Montepulciano. La question de la pos-
session de Montepulciano par Florence ou par Sienne et les
incessants conflits diplomatiques et militaires auxquels elle
donna lieu empoisonnèrent, on le sait, les relations des deux
républiques toscanes au début du xvie siècle. Louis XII s'était
précédemment engagé à laisser Montepulciano au pouvoir de
Sienne, qui l'occupait lors de sa première apparition comme
roi en Italie : aussi Sabino ne croyait-il pas à la réalité de
cette prétendue promesse aux Florentins qu'on attribuait au

roi : « Io nol credo, perchè se comensaria troppo presto ad man-
chare le promesse, e non presuma che ce sia in questo niuna
inclinatione; e quando ne fusse alcuna cosa, non poteria
passare che non se ne havesse alcuna intelligentia. » La raison
de son incrédulité est caractéristique et bien digne d'un contemporain de Machiavel : « Ce serait commencer trop tôt à
manquer à sa parole». Il ne blâme, dans le parjure éventuel,
qu'une précipitation de mauvais goût.

La situation générale de la République dans ses relations
avec la France était donc satisfaisante. Quelques affaires in-
dividuelles seules la troublaient : un certain capitaine Ville-
neuve réclamait six mille ducats fixés pour la rançon d'un sien
prisonnier que les Siennois lui avaient fait abandonner; à
défaut d'une compensation gracieuse, il prétendait en obtenir
une de force : « È multo disposto volerne alcuna recompensa,
immo chel delibera totalmente esser pagato o in tutto o in
parte, e già ne ha parlato con el Re li volesse conceder re-
presaglie. » Louis XII se montrait disposé à accorder à ce
capitaine des lettres de marque, c'est-à-dire le droit d'exercer
des représailles et de se payer sur les particuliers siennois,
ce qu'il lui eût été aisé de faire aux dépens des marchands
qui suivaient la route d'Avignon : « Costui ne ha gran com-
modita per quelli passano de Avignone, e poteria qualche
mercante venirli ad le mani, che scria sua deffatione. » Sabino
conseillait une bonne transaction avec ce capitaine, très
bien disposé d'ailleurs envers Sienne, reconnaissant pour
d'anciens actes de générosité (« mostra... haverne receputo
beneficio.... »), et qu'une somme de mille ducats contenterait
largement. Et l'ambassadeur regrettait qu'il ne fût pas aussi
facile de satisfaire les exigences de Ligny [1], toujours affamé

---

[1] Sur les relations de Ligny et de Sienne, cf. *Louis XII et Ludovic Sforza*,
II, 401. Le 9 février 1501, les ambassadeurs siennois à Ferrare, Giovann
Saraceni et Luca Martini, écrivent que Ligny est mécontent de la République.

d'argent, menaçant toujours de retirer sa protection à Sienne si la République lui refusait sa pension : « Supplico ad V. S., disait Sabino, vogliano conservarse li amici et uscire de questo debito che già è tempo. » Tels étaient, à les juger d'après ces petits faits caractéristiques, les rapports de Sienne et du gouvernement français à la fin de cette année 1501. Rien, on le voit, n'y était de nature à préoccuper trop gravement Sabino [1], à détourner du cours général des événements son intelligence et ses facultés d'observation, ni à diminuer son impartialité. Son témoignage, plus voisin des faits, mérite donc plus de créance que celui de Jean d'Auton, dont les souvenirs étaient moins nets et moins immédiats.

Sur le voyage du roi à Paris, Sabino, s'il ne précise pas absolument la date du départ et celle du retour, donne un curieux renseignement, en indiquant quand le Roi forma le projet de l'un et de l'autre ; tandis que Jean d'Auton assure que Louis XII quitta Blois « le tiers jour de febvrier », Sabino écrit : « La Maesta christianissima, facta la festa de tre Re, andara verso Parisi con lo cardinale de Rohano. » Il faut supposer, ou que la date si précise donnée par Jean d'Auton est erronée (et sa précision même paraît suspecte), ou que le voyage du roi a été bien longtemps en suspens. Il est vrai que Sabino nous fournit une explication plausible de ce retard : après la conclusion annoncée de la paix avec le roi de Hongrie, laquelle devait donner lieu à un grand cérémonial (« facta questa pace con tante solennità »), la Cour ne songea plus qu'à ses plaisirs (« se attende ad fare bona cera ») ; il est possible que ces

Dans une lettre du 13 janvier 1502, Ettore Sabino se plaint à Sienne qu'on le desserve auprès de Ligny en faisant accroire à cet avide capitaine que c'est lui, Sabino, qui l'empêche d'obtenir ses subsides de la République.

[1] Non pas même le besoin d'argent, dont le laissait manquer la Seigneurie, mais la misère et l'endettement étaient l'état normal pour les diplomates italiens, comme le montrent les lamentations incessantes à ce propos des Maffeo Pirovano, des Herasmo Brasca, e tutti quanti.

plaisirs et ces festins, qui d'ailleurs étaient de saison, se soient prolongés plus longtemps que Louis XII n'y avait compté d'abord. Pour le retour à Blois, Sabino est encore plus affirmatif : Louis XII voulait l'exécuter dans la dernière semaine de février, et le 22 février on pensait à Paris que le roi, qui en était sorti quelques jours avant pour laisser le champ libre au triomphe du cardinal d'Amboise, et qui de nouveau en était parti le matin après une séance au Parlement, n'y rentrerait pas et prendrait directement la route de Blois, où l'attendait la reine enceinte. A supposer qu'il y ait eu encore ici un intervalle entre le projet et son exécution, cet intervalle n'a pas pu se prolonger durant tout le mois de mars. Aux autres témoignages allégués pour démontrer l'erreur de Jean d'Auton sur ce détail de l'itinéraire royal, vient donc s'ajouter celui de notre diplomate.

La dépêche du 22 février fournit un abondant commentaire des lignes très sèches que Jean d'Auton consacre à l'entrée du cardinal légat. Elle en donne la date précise, *giovedi passato*, c'est-à-dire le 17 février. Elle nous apprend aussi que le cardinal d'Amboise, avant sa venue à Paris, était allé à Rouen, et qu'il était, dans tout le cours de ce voyage, accompagné de ses collègues les cardinaux Saint-Georges et Ascanio Sforza, présents aussi à cette entrée. La présence d'Ascanio dans ce cortège est même un fait historique à signaler dans la biographie de ce personnage : Sabino nous l'avait montré, dans sa lettre du 28 décembre, encore retenu à Bourges et cherchant les moyens d'y payer trois mille ducats, afin, une fois libéré de ses dettes, d'être autorisé à quitter cette ville pour venir retrouver le roi à Amboise et suivre désormais la cour [1]. Il ne lui fallut

(1). «Mgr R^{me} Ascanio fa cerchare per denari per possere pagare quanto deve in Burges, che sono tremilia ducati, e per possere venire ad Amboscia, dove el Re vole che stia, in finche venga una resposta da la Magna. Non starra pero restrecto, ne hanche libero, in finche non venga resposta; poi secundo li capitoli, potera stare in Francia, o nella Magna, o in Spagna, o nelle terre dello Arciduca,

donc qu'un mois environ pour liquider sa situation. Notre diplomate raconte en détail le cérémonial de cette entrée, quel cortège alla au-devant du cardinal, quelles amusantes querelles de préséance éclatèrent entre les ambassadeurs de Hongrie et ceux d'Espagne, entre ceux du duc de Savoie et ceux de Venise, quelle confusion la multitude des curieux et du populaire assemblé causa dans le défilé. Il évite de dire à quelle place il figurait dans le cortège : il est permis de croire, vu l'humilité ordinaire de son rang, et vu que son énumération du corps diplomatique est assez complète, que c'est lui l'«*etc.*» qui marchait derrière le résident ferrarais. Il note, et le trait a son importance, la présence d'une délégation de neuf membres du Parlement : ce corps n'avait donc pas gardé rancune au cardinal des réformes antérieures. Un détail semble l'avoir frappé particulièrement : ce sont ces cinq «catafalchi», ces «échaffauds» très bien décorés où, devant le défilé, étaient représentés «Moïse» et «beaucoup d'autres belles choses». Il est regrettable qu'il n'entre pas ici dans quelques détails, comme aussi sur les «altre tante farze» qui furent jouées ensuite : l'allusion, si peu claire soit-elle, a cependant encore son prix pour l'histoire du théâtre français.

La lettre de Sabino prouve aussi par son silence l'erreur que commet Jean d'Auton en plaçant dans ce chapitre et à cette date les réformes des parlements : Sabino, après le récit de l'entrée, aborde tout de suite la question de la réforme conventuelle que le cardinal avait commencée à Rouen, et qu'il allait continuer à Paris. A Rouen, le cardinal d'Amboise avait fait emprisonner beaucoup de moines par mesure de prudence; il voulait en faire autant à Paris; mais il se heurtait dans cette tentative à une vive résistance du Parlement. Un menu fait cité

<hr>

e restituto in tuti li soi benefitii.» (Lettre du 28 décembre 1502, st. siennois.) On voit par là que Louis XII ne se hâtait pas d'exécuter à l'égard d'Ascanio Sforza les engagements du traité de Trente. (Cf. Jean d'Auton, t. II, p. 145.)

par Sabino prouve l'importance que le cardinal attachait à son projet : le 22 février, il faisait présider par le roi une séance au Parlement pour discuter l'affaire, bien que Louis XII dût aller en promenade hors Paris ce même jour. Son empressement s'explique sans doute par le désir d'avoir terminé cette réforme avant d'entreprendre en Italie le voyage administratif et politique qu'il y accomplit la même année, et auquel il pensait déjà, comme nous l'apprennent ses paroles textuelles, citées ici même par Sabino.

On voit de quels précieux détails ces lettres enrichissent la chronique de Jean d'Auton ; elles localisent entre ces dates bien d'autres faits que cet historiographe n'a pas connus, ou qu'il n'a pas songé à y introduire. Sabino fournit des renseignements exacts sur la situation faite alors à deux des prisonniers politiques les plus importants de Louis XII : Ascanio Sforza, dont la libération était imminente à des conditions de résidence non encore déterminées, et le roi Frédéric de Naples, malade de la goutte (« est-ce bien la goutte ? » se demande Sabino, assez sceptique) et à la veille de traiter avec le roi et d'obtenir de lui, non pas le duché d'Anjou, comme le dit notre auteur, mais, plus exactement, un domaine en Anjou [1]. Vers le même moment se produisait une réclamation du pape Alexandre VI au sujet du départ pour l'Italie, continuellement retardé depuis deux ans de mariage, de la duchesse de Valentinois ; c'était sans doute plus comme otage que comme belle-fille qu'il désirait tant l'avoir auprès de lui, et il est assez intéressant de voir que Louis XII, après avoir sacrifié cette infortunée princesse à son inflexible politique, avait longtemps refusé de l'envoyer

---

[1] « El signor don Federigho è forte admalato de podagra, e, come se dice in bonissimi lochi, non pero podagra. Dicono già havere appuntato con el Re, e haver preso lo ducato de Angio. » (Lettre du 28 décembre 1502.) Le roi lui attribua entre autres biens le comté du Maine, qui fut érigé en duché, et la terre de Beaufort en Anjou, qui fut érigée en comté : c'est probablement d'une confusion entre ces deux dons que vient l'erreur de notre diplomate.

outré-monts : la connaissance plus approfondie et plus exacte qu'il avait acquise dans ces deux années du caractère de César Borgia n'était sans doute pas étrangère à ce refus. La nouvelle démarche du pape, malgré les exhortations officielles du roi à la princesse, resta donc sans effet, comme les précédentes, et, environ dix-huit mois après, la duchesse se voyait débarrassée, par la mort, de ce redoutable beau-père, et, par l'Espagne, de son trop séduisant mari. Parmi les autres événements d'inégale importance qui défrayaient sans doute les conversations de la cour en décembre 1501 ou janvier 1502, on peut citer encore, d'après Sabino, la grossesse de la reine, les projets de voyage du cardinal d'Amboise, l'entrée à Blois (le 28 décembre 1501) des trois ambassadeurs de Hongrie[1], la nouvelle reçue en France du succès de la flotte franco-vénitienne devant Mételin[2].

Sabino s'est fait aussi l'écho des bruits diplomatiques qui circulaient alors à la cour. Outre les négociations lentement continuées avec Florence, et qui, malgré leurs fréquentes interruptions, inquiétaient l'agent siennois, outre les accords qui se ménageaient entre le roi et Frédéric d'Aragon, deux faits graves se produisaient à cette date dans les relations extérieures de la France. Le 21 janvier 1502, Louis XII renouvelait le refus de payer à l'Angleterre les subsides précédemment promis et fournis par la couronne de France, au risque de provoquer une rupture diplomatique; en Allemagne, l'exécution et la ratification du traité de Trente, qui avait scellé la paix définitive entre le roi de France et Maximilien, subissaient

[1] « Hogi sondo intrati tri ambasciatori del re de Hungaria. » (*L. cit.*)

[2] « Nove del Turcho, *quamvis vechie e prime note ad V. S. che ad me*, che l'armata del Re Christianissimo e de Venetiani ha preso Mitilena, insula molto habundante, e circha de circuito di 300 miglia con bonissime ville, e tutto di sondo per acquistare più. » (Cf. Jean d'Auton, *l. cit.*, chap. xxvii : Comment une grosse armée de Françoys et d'autres chrestiens furent par mer contre les Turcz. De Maulde, *l. cit.*, II, 149.)

un temps d'arrêt : Robertet, l'un des négociateurs français,
rentrait à Paris [1], il ne restait plus à la cour allemande que
maître Étienne Petit et Louis de Hallwin, seigneur de Piennes;
les négociations s'achoppaient du reste à la mauvaise volonté
des électeurs impériaux, qui étaient plus exigeants que Maximilien [2]. La diplomatie française sous Louis XII a une histoire déjà si complexe et encore si peu connue, que tout détail
précis permettant d'en suivre l'évolution quotidienne est utile.
Aussi faut-il retenir ceux qu'a consignés dans ses lettres Ettore
Sabino [3].

[1] Entre autres affaires non réglées, dont Robertet avait reçu de Maximilien
mission de s'occuper à son retour en France, était la « restitutio ac reintegratio ill[mi]
nostr. et sa ri imperii fidelis dilecti Galeacii de Sancto Severino nostri armorum capi-
tanei generalis. » Maximilien avait recommandé ce personnage au cardinal d'Amboise par une lettre du 3 janvier 1502, en lui annonçant la mission confiée à
Robertet, et « quantum ardens sit nostrum in ea re desiderium aperuimus, utri-
que significandum. » (Bibl. nat., ms. fr. 2930, fol. 32.)

[2] Étienne Petit et M. de Piennes restaient en Allemagne pour faire l'in-
térim; dès le 23 novembre 1501 Louis XII avait accrédité de nouveaux am-
bassadeurs auprès de Maximilien; c'étaient M. de Piennes lui-même, le président
Geoffroy Carle, et deux maîtres des requêtes, Jean Guérin et Charles de
Haultbois. (Cf. LEGLAY, *Négociations de la France et de la maison d'Autriche*,
I, 37.)

[3] Vu son importance et le nombre des assertions que j'en cite, je crois
utile de communiquer le texte tout entier de la dépêche du 22 février 1502 :

« Illustrissimi Domini, Domini mei præcipue commendandi, credo ad questa
hora Vostre Signorie per mie lettere habino ad pieno inteso quanto occorre
per decqua. Tutta volta non ho voluto mancare scrivere. Qui non ce sondo [a]
a'tre nove, se non che se existima presto el cardinale de Rohano presto (sic) se
habia ad trovare lla da monti. Ed essendo nel numero con multi altri, l'altra
sera, in cammera del cardinale prefato, hebe ad dire queste parole : « *Me
forza ch'io vada ad visitar la Santita de Nostro Signore, et ad minus de conferir
ma fino ad Parma* [b] ». Per laqual cosa e per multe altre intelligentie se tiene ad
omnino passara.

« Heri furono gran pezo in consiglio per lettera haveva scripta il Re de In-

[a] *Sondo, serrando, vorrando* pour *sonno, serranno, voranno*, en parler siennois;
cf. d'autres exemples encore ci-dessous.

[b] Y a-t-il dans l'annonce de cette visite obligée au pape une allusion au projet
de déposition d'Alexandre VI que certains historiens assurent avoir été ébauché à
Trente?

Des informations authentiques et précises de ce genre
donnent aux hommes et aux faits du temps de Louis XII la

gleterra, non se sa *apertè* quello scrive; *tum* è presumptione domandi lo tributo
ordinario la corona de Francia li è obligata ad pagare; loquale ad questi di el
Christianissimo *ore proprio* dixe non volerli pagare, ecc., como ve scripsi per
laltra. E qui facilmente potria nascere fractura, ma existimo che costoro serrando
savii, e non vorrando questa roptura per una si poca quantita de 5,000 fran-
chi o scudi; e non vorrando tirarse questa scabie ad lespalle, dubitando de
magior inconveniente.

«Non se tiene ancho fermo che sia questa pace e confederatione con la Maestà
Cesarea e questa Christianissima. E tornato Robertet, *ut dicitur* infra homini
de qualche intelligentia, senza resolutione alcuna, e sondo remasti la in la
Magna Monsignor de Piennes e Mastro Stephano Petit, homini de grande auc-
torita, e cerchano cavarne constructo; ma sando la cosa difficile, pe che dicono
che li electori non se contentano de multe cose questo Re vole. Quali, non so.

«Monsignor Reverendissimo lo legato intro in Parisi giovedi passato, accom-
pagnato da Monsignor R^mo. Sanzorzo, ed Ascanio, quali erano stati con Sua
Reverentia ad Rohano, ed essendo uno mezo miglio dalla porta de Parisi, per
el cammino de S. Dionisio, li andò incontro tutta la corte, cioè quelli se tro-
vavano in Parisi, perche in quello di el Re era andato ad caccia, e trovavase
fora de Parisi, che alcuni di primo era partito. Andarono incontra tutti li
ambasiatori del Papa, Spagna, Hungaria e Venetia, e del duca de Savoya,
Fiorentini, Ferrara, *etc.* In nello andare pero volserono (*sic*) li oratori Hun-
gari andare dereto ad Spagnia. Non ne nacque lite perche fereno capo da per
loro, e con epsi andavano Venetiani; e quello de Savoya volse preceder ad Venetiani, e andò davanti. Non se andava pero con multo ordine per la gran con-
fusione de gente e populazo.

«Vennero nove signori de Parliamento e multi altri officiali, e cosi intrato el
legato la porta della cita, percha ce è primo uno grande burgo, fo messo sotto
baldachino e receputo multo honorevolmente, como è solito farse ad uno legato, e qualche cosa de avantagio per la reputacione.

«Forono facti cinque catafalchi con belledissimo (*sic*) ornato e representatione
de *Moyses* e multe altre belle cose. Poi serra partito, farando altretante farze.
Attendese al presente ad reformare questi frati con rigidita; ad Rohano ha las-
sati multi presoni, e qui vorria fare el simile. Questa matina el Re e lo legato
fondo stati nel Parlamento de Parisi, dove se existima se sia parlato de questa
reformatione. Se tiene chel parlamento non lo permettera, perche se dubita de
qualche inconveniente poteria succedere.

«La Santita di Nostro Signore ha mandato per la duchessa de Valentinoys, e
perche altre volte el Re non ne habia voluto intendere niente, al presente, ha
scripto ad la ducessa se metta in ordine, e che se ne vada al marito, con multe
bone persuasioni; e similiter scripto ad la regina, la voglia exortare. E partito

physionomie vivante et exacte que Jean d'Auton leur a trop rarement laissée, et qui, à ce chapitre de sa *Chronique* en particulier, fait presque totalement défaut; elles permettent aussi de constater sur divers points l'insuffisance vraiment trop grande de son texte et la nécessité de le soumettre à une revision critique détaillée, d'où son autorité jusqu'ici trop aisément admise sortirait probablement bien amoindrie. On voit en effet par ce qui précède le peu qui subsiste de ce chapitre XXXIII.

Io mandato del papa da Parisi è andato ad Bles con queste lettere; non so mo quello seguira; pur la cosa se fa difficile etiam che se mostri prompta.

«El Re patira (*sic*) de equi (*sic*) questa septimana, e tornara ad Bles ad fare bona cera con la regina, laquale è grossa [a]; e multi vogliono dire, perche questa matina è andato fora, non tornara più equi, e se ne andara ad Bles. Non ce altro, se non questi Fiorentini se sondo al tutto adcordati con questo Re, e pagata hora era una bona summa de denari, et levata via ogni difficulta era tra loro. Non si po sapere in che modo habino facto. Tuttavolta me sforzaro intenderlo e scrivero per lo primo.

«Ult°. Illustrissimi Signori miei, io ho vostra instructione e me havete mandato in Francia, e gia sondo sey mesi me forono ordinati xx ducati el mese; io so stato pagato per quattro mesi, so stato doi mesi senza essere provisto, e più e più volte ho scripto e clamato. Pur supplico ad quelle me vogliano provvedere de quello le ho servito, *etc.*

«Parisiis, XXII februarii MDII. Servitor humillimus Hector Sabinus.»

Suscription : *Ill^mis D^nis meis D^nis officialibus Balie ex. se civitatis Senarum Senis.*

[a] La grossesse de la reine était déjà déclarée en octobre 1501, puisque le 12 octobre saint François de Paule envoyait à Louis XII douze cerges bénits, dont on connait par le procès de canonisation de l'ermite de Plessis-lès-Tours les vertus miraculeuses pour aider les femmes en couches. (Cf. Jean d'Auton, *loc. cit.* XXVI; éd. Maulde, II, 147-148.)

39

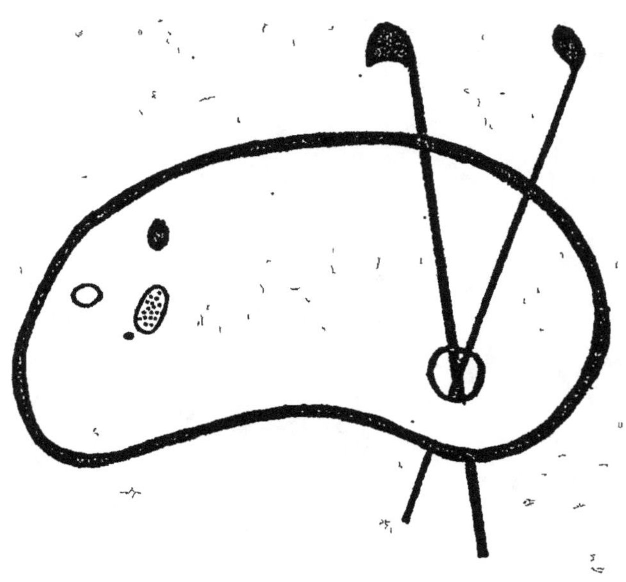

ORIGINAL EN COULEUR
NF Z 43-120-8